Impressum
Verlag: BABADADA GmbH, Nedderfeld 112 , 22529 Hamburg
Geschäftsführer / Verlagsleitung: Harald Hof
Druck: Books on Demand GmbH, In de Tarpen 42, 22848 Norderstedt

Imprint
Publisher: BABADADA GmbH, Nedderfeld 112 , 22529 Hamburg, Germany
Managing Director / Publishing direction: Harald Hof
Print: Books on Demand GmbH, In de Tarpen 42, 22848 Norderstedt

phapoši
classroom

go arola
divide

186/2

boto
board

jarata ya sekolo
school yard

morutiši
teacher

letlakala
paper

ngwala
write

pene
pen

tafola
desk

rula
ruler

buka
book

barutwana
pupil

peke

satchel

kheise ya phensele

pencil case

phensele

pencil

motšhene wa go betla
phensele

pencil sharpener

rabhara

rubber

phede ya ho thala

drawing pad

go thala

drawing

borashe ya go penta

paintbrush

lepokisi la go penta

paint box

sekero

scissors

sekgomaretši

glue

puku ya go ngwala

exercise book

mošomo wa gae

homework

nomoro

number

tlatša

add

go ntšha

subtract

go atiša

multiply

khalekhuleitha

calculate

lengwalo

letter

alefapete

alphabet

lentšu

word

mongolo

text

bala

read

tšhoko

chalk

thuto

lesson

puku ya maina

register

thuto

exam

setifikeite

certificate

diaparo tša sekolo

school uniform

thuto

education

encyclopedia

encyclopedia

yunibesithi

university

maekrosekoupo

microscope

mmapa

map

pasekete ya matlakala a ditšhila

waste-paper basket

hotele
hotel

hosetele
hostel

lefelo la go fetola tšhelete
bureau de change

sutukheise
suitcase

koloi
car

Leleme

language

ee / aowa

yes / no

Go lokile

Okay

Dumela

hello

mofetoledi

translator

Re a leboga

Thank you

... ke bokae?

how much is...?

ga ke kwešiše

I do not understand

bothata

problem

Thobela!

Good evening!

Meso e mebotse!

Good morning!

Robala botse!

Good night!

šala gabotse

bye bye

keletšo ya tsela

direction

peke

luggage

peke

bag

mokotla wa dipuku

backpack

moeng

guest

phapoši

room

pekana ya go robala

sleeping bag

mokhukhu

tent

boitsebišo bja moeti

tourist information

lewatleng

beach

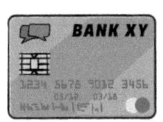

karata ya mokitlana

credit card

dijo tša mesong

breakfast

matena

lunch

dijo tša mantšiboa

dinner

thikethe

ticket

lifithi

lift

setempe

stamp

border

border

setlwaedi

customs

embassy

embassy

visa

visa

phasepoto

passport

sefofane
aeroplane

sekepe
ship

enjine ya mollo
fire engine

bese
bus

theraka
truck

motorboat
motorboat

koloi
car

paesekela
bike

feri

ferry

sekepe

boat

sethuthuthu

motorbike

koloi ya maphodisa

police car

koloi ya go šiašiana

racing car

koloi ya go rentišwa

rental car

go arogana koloi

car sharing

theraka ya go goga

breakdown truck

theraka ya ditlakala

refuse truck

mmotho

motor

makhura

fuel

seteišene sa makhura

petrol station

leswao la therafiki

traffic sign

therafiki

traffic

therafiki

traffic jam

lefelo la go phaka dikoloi

car park

seteišene sa terene

train station

tsela

tracks

terene

train

theramo

tram

koloi

carriage

sefofane

helicopter

boemafofane

airport

serokami

tower

monamedi

passenger

seswari

container

lepokisana

carton

khathe

cart

basket

basket

go tloga / go kwatama

take off / land

toropo
city

motse

village

bogareng bja toropo

city centre

ntlo

house

paesekopong
cinema

papatšo
advert

lebone la seterateng
street lamp

CINEMA

seterata
street

thekisi
taxi

lebenkele la dimonamonane
snack shop

motho yo a sepelag
pedestrian

pavement
pavement

makopano a ditsela
zebra crossing

paketana ya ditlakala
bin

magahlanong a tsela
crossing

mabone a go laola therafiki
traffic lights

mokutwana
hut

folete
flat

seteišene sa terene
train station

holo ya toropong
town hall

museamo
museum

sekolo
school

yunibesithi

university

panka

bank

sepetlele

hospital

hotele

hotel

lebenkele la dihlare

pharmacy

ofisi

office

lebenkele la dipuku

book shop

lebenkele la dijo

shop

lebenkele la matšoba

florist's

lebenkele la dihlare

supermarket

mmakete

market

lebenkele la dilo tše dintši

department store

fishmonger's

fishmonger's

lefelo la mabenkele

shopping centre

boemakepe

harbour

phaka

park

bench

bench

leporogo

bridge

ditepisi

stairs

ka tlase

underground

thanele

tunnel

boemela pese

bus stop

bar

bar

lebenkele la dijo

restaurant

lepokisi la poso

postbox

leswao la seterata

street sign

mithara wa go phaka koloi

parking meter

zuu

zoo

letamo la go rutha

swimming pool

lefelo la mamoseleme

mosque

polasa

farm

tšhilafalo

pollution

mabitla

graveyard

kereke

church

lefelo la go bapala

playground

tempele

temple

lefelo la dithaba
landscape

letlakala
leaf

leswao la tsela
signpost

tsela
way

lefelo kgauswi le noka
meadow

letlapa
stone

mophara thaba
hiker

mohlare
tree

noka
river

bjang
grass

letšoba
flower

tsela

valley

thaba

hill

letangwana la meetsi

lake

sethokgwa

forest

leganata

desert

thabamollo

volcano

ntlo e kgolo

castle

molalatladi

rainbow

mushroom

mushroom

palm tree

palm tree

monang

mosquito

fofa

fly

ditšhošwane

ant

nosi

bee

segokgo

spider

khunkhwane

beetle

segwagwa

frog

squirrel

squirrel

noko

hedgehog

mmutla

hare

leribiši

owl

nonyana

bird

mogolodi

swan

kolobe ya naga

boar

phuthi

deer

phuthi

moose

letamo

dam

wind turbine

wind turbine

phanele ya solar

solar panel

leratadima

climate

weithara
waiter

lenaneo
menu

setulo
chair

sopo
soup

pizza
pizza

lešela la tafola
tablecloth

cutlery
cutlery

dijo tša mathomo

starter

dijo

main course

dimonamonane

dessert

dino

drinks

dijo

food

lepotlelo la ngwana

bottle

fastfood

fast food

dijo tša seterateng

street food

ketlele ya tea

teapot

poleitana swikiri

sugar bowl

karolo

portion

motšhene wa espresso

espresso machine

setulo sa godimo

high chair

tefo

bill

therei

tray

thipa

knife

foroko

fork

lelepola

spoon

lelepola

teaspoon

lešela la go iphomola

serviette

galase

glass

poleite

plate

poleite ya sopo

soup plate

sosara

saucer

moroto

sauce

poto ya letswai

salt pot

sešila phepha

pepper mill

vinegar

vinegar

makhura

oil

sepaese

spices

tamatisoso

ketchup

masetete

mustard

mayonnaise

mayonnaise

dithekišo tša tlase
special offer

moreki
customer

dijo tša go ba le maswi
dairy

dikenywa
fruit

teroli
trolley

selaga

butcher's

moapei wa dikuku

baker's

kala

weigh

merogo

vegetables

nama

meat

dijo tše gahlišitšwego

frozen food

nama ya go tonya

cold meat

tinned food

tinned food

sešepi sa go hlatswa

washing powder

dimonamonane

sweets

dilo tša ka ntlong

household products

didirišwa tša go hlwekiša

cleaning products

morekiši

salesperson

till

till

morekiši

cashier

lenaneo la tše rekišwago

shopping list

diiri tša go bula

opening hours

sepatšhe

wallet

karata ya mokitlana

credit card

peke

bag

peke ya polasetiki

plastic bag

meetsi

water

Juice

juice

maswi

milk

coke

coke

beine

wine

bhiri

beer

bjala

alcohol

cocoa

cocoa

tea

tea

kofi

coffee

espresso

espresso

cappuccino

cappuccino

banana

banana

apola

apple

namome

orange

melon

melon

namone

lemon

carrot

carrot

garlic

garlic

bamboo

bamboo

keiye

onion

mushroom

mushroom

ditokomane

nuts

noodles

noodles

spaghetti

spaghetti

raese

rice

salate

salad

ditšhipisi

chips

matapola a gadikilwego

fried potatoes

pizza

pizza

hambeka

hamburger

sandwich

sandwich

cutlet

cutlet

ham

ham

salami

salami

sausage

sausage

kgogo

chicken

gadika

roast

hlaphi

fish

bogobe bja oats

porridge oats

muesli

muesli

cornflakes

cornflakes

folouro

flour

croissant

croissant

dipanse

bread roll

borotho

bread

toaster

toast

dipisikiti

biscuits

botoro

butter

curd

curd

kuku

cake

lee

egg

lee le gadikilwego

fried egg

tshese

cheese

ice cream
ice cream

swikiri
sugar

todi ya dinosi
honey

jeme
jam

chocolate spread
chocolate spread

curry
curry

ntlo ya polasa
farmhouse

bojwang
straw bale

barn
barn

mašemo
field

pere
horse

letorokisi
trailer

pere
foal

terekere
tractor

pokolo
donkey

nku
sheep

kwana
lamb

pudi
goat

kgomu
cow

namane
calf

kolobe
pig

kolobjana
piglet

poo
bull

leganse

goose

leganse

duck

letswienyane

chick

kgogo

hen

mokoko

cock

legotlo

rat

katse

cat

legotlo

mouse

pholo

ox

mpšha

dog

ntlwana ya mpšha

doghouse

lethompo la seratswana

garden hose

khene ya meetse

watering can

peke

scythe

megoma ya terekere

plough

sekele

sickle

mogoma

hoe

foroko

pitchfork

selepe

axe

kiribai

wheelbarrow

letangwana la meetsi

trough

khene ya maswi

milk can

lesaka

sack

fense

fence

stable

stable

ntlwana ya galase ya dihlare

greenhouse

mobu

soil

peu

seed

manyora

fertilizer

motšhene wa go buna

combine harvester

buna

harvest

buna

harvest

tse monate

yams

korong

wheat

soy

soy

letapola

potato

korong

corn

rapeseed

rapeseed

mohlare wa dikenywa

fruit tree

cassava

cassava

disereale

cereals

polasa - farm

tšhemela
chimney

marulelo
roof

phaephe ya drain
drainpipe

lefasetere
window

karatše
garage

nakana ya lebati
doorbell

lebati
door

pakete ya matlakala
rubbish bin

lepokisi la maletere
letterbox

serapana
garden

phapoši ya go dula

living room

kamora ya go hlapela

bathroom

boapeelo

kitchen

phapoši ya go robala

bedroom

phapoši ya bana

child's room

lefelo la boiketlo

dining room

fase
....
floor

lebota
....
wall

siling
....
ceiling

cellar
....
cellar

sauna
....
sauna

letsikangope
....
balcony

lelapa
....
terrace

letamo la go rutha
....
pool

motšhene wa go sega bjang
....
lawn mower

lešela la go iphomola
....
sheet

lešela la mpeto
....
bedspread

mpeto
....
bed

leswielo
....
broom

pakete
....
bucket

pholaka
....
switch

senepe sa sedirišwa
wallpaper

senepe
picture

lebone
lamp

shelofe
shelf

khaboto
cupboard

thelebišene
television

lefelo la mollo
fireplace

letšoba
flower

kobo
cushion

sofa
sofa

vase
vase

remote control
remote control

khaphete
carpet

garetene
curtain

tafola
table

setulo
chair

rocking chair
rocking chair

armchair
armchair

buka

book

kobo

blanket

bokgabišo

decoration

dikota tša mollo

firewood

filimi

film

sedirišwa sa hi-fi

hi-fi equipment

senotlelo

key

kuranta

newspaper

go penta

painting

phouseta

poster

radio

radio

pukwana ya go ngwala

notepad

motšhene wa go hlwekiša

hoover

mohlašana wa cactus

cactus

kerese

candle

furitšhi
fridge

microwave oven
microwave oven

sekala sa khetšhene
kitchen scales

toaster
toaster

detergent
detergent

oven
oven

furitšhi
freezer

pakete ya matlakala
rubbish bin

sehlatswa dikotlelo
dishwasher

moapei
cooker

pitša
pot

cast-iron pot
cast-iron pot

wok / kadai
wok / kadai

pane
pan

ketlele
kettle

steamer

steamer

therei ya go paka

baking tray

dikotlelo

crockery

komiki

mug

mogopo

bowl

diphathana tša go ja

chopsticks

lelepola la ladle

ladle

spatula

spatula

whisk

whisk

strainer

strainer

sefo

sieve

kereitara

grater

mortar

mortar

barbecue

barbecue

thuntšha

open fire

boto ya dijo

chopping board

rolling pin

rolling pin

sebula lepotlelo

corkscrew

khene

can

sebula khene

can opener

seswara dipoto

pot holder

sinki

sink

borashe

brush

sepontše

sponge

sehlakanyi

blender

freezer

deep freezer

lepotlelo la ngwana

baby bottle

pompi

tap

šawara
shower

borutho
heating

toulo
towel

garetene ya šawara
shower curtain

bubble bath
bubble bath

bata
bathtub

galase
glass

motšhene wa go hlatswa
washing machine

pompi
tap

dithaele
tiles

poto
potty

sinki
sink

ntlwana

toilet

ntlwana ya ho tshorama

squat toilet

bidet

bidet

moroto

urinal

pampiri ya ntlwana

toilet paper

boraše ya ntlwana

toilet brush

boraše ya ho hlapa meno

toothbrush

sešepi sa meno

toothpaste

floss ya meno

dental floss

hlatswa

wash

shawara ya go swarwa ka matsogo

handheld shower

douche

douche

basin

basin

back brush

back brush

sešepi

soap

sešepi sa ka šawareng

shower gel

shampoo

shampoo

folene

flannel

drain

drain

sa go tlola

cream

senkgiša bose

deodorant

seipone

mirror

sepili se senyenyane

hand mirror

legare

razor

shaving foam

shaving foam

aftershave

aftershave

kamo

comb

boraše

brush

derayara ya moriri

hair dryer

setlola sa moriri

hairspray

makeup

makeup

setlola sa molomo

lipstick

varnish ya manala

nail varnish

wulu

cotton wool

sekero sa dinala

nail scissors

phefumo

perfume

pekana ya tša go hlapa

washbag

toulwana ya go hlapa

bathrobe

setulo

stool

sekala

weighing scale

ditlelafo tša rabara

rubber gloves

tampon

tampon

toulo ya go phumula matsogo

sanitary towel

ntlwana ya dikhemikhale

chemical toilet

watšhe ya alamo
alarm clock

mpopi
cuddly toy

koloi ya go bapadiša
toy car

rattle ya bana
rattle

ntlo ya mepopi
doll's house

present
present

baluni

balloon

mpeto

bed

phorema

pram

dikarata

deck of cards

papadi ya jigsaw

jigsaw

metlae

comic

papadi ya lego bricks

lego bricks

papadi ya building blocks

building blocks

action figure

action figure

go gola ga ngwana

babygrow

papadi ya Frisbee

frisbee

mobile

mobile

papadi ya boto

board game

letaese

dice

model train set

model train set

tami

dummy

phathi

party

puku ya dinepe

picture book

kgwele

ball

mpopi

doll

bapala

play

sandpit

sandpit

swing

swing

tša go bapadiša

toys

sediríšwa sa dipapadi tša bidio

video game console

paesekele ya bana

tricycle

teddy bear

teddy bear

oteropo

wardrobe

diaparo

clothing

masokisi

socks

masokisi

stockings

pentihouso

tights

sekhafo
scarf

amporela
umbrella

sekhipha
t-shirt

lepanta
belt

diputsu
boots

deselephara
slippers

diteki
trainers

ramphešane
....
sandals

dieta
....
shoes

diputsu tša rabara
....
rubber boots

borokgwana bja ka fase
....
underpants

seaparo sa bra
....
bra

besete
....
vest

mmele

body

marokgo

trousers

pokathe

jeans

sekhethe

skirt

seaparo sa blouse

blouse

hempe

shirt

jase

pullover

jase

hoodie

seaparo sa blazer

blazer

baki

jacket

jase

coat

jase ya pula

raincoat

khosetumo

costume

roko

dress

lešira

wedding dress

diaparo - clothing

sutu

suit

seaparo sa go robala

nightgown

dipejama

pyjamas

sari

sari

sekafo

headscarf

turban

turban

seaparo sa burqa

burqa

roko ya kaftan

kaftan

abaya

abaya

seaparo sa go rutha

swimsuit

diteranka

trunks

marukgwana a manyenyane

shorts

terekesutu

tracksuit

apron

apron

ditlelafo

gloves

konope

button

digalase

glasses

boreiselete

bracelet

nekeleise

necklace

palamonwana

ring

lengena

earring

kepisi

cap

hengere ya jase

coat hanger

kefa

hat

thai

tie

zip

zip

helmete

helmet

braces

braces

diaparo tša sekolo

school uniform

unifomo

uniform

diaparo - clothing

seaparo sa bib
bib

tami
dummy

mongato
nappy

sebara
server

lekase la difaele
filing cabinet

phrinthara
printer

monitharaw
monitor

letlakala
paper

mouse
mouse

tafola
desk

foldara
folder

keybhoto
keyboard

kete ya matlakala a ditšhila
e-paper basket

setulo
chair

khomphutha
computer

komiki ya kofi
coffee mug

khalekhuleitha
calculator

inthanete
internet

laptop
laptop

lengwalo
letter

molaetša
message

mogalathekeng
mobile

netweke
network

motšhene wa go
photokhopa
photocopier

software
software

mogala
telephone

pholaka ya sokete
plug socket

motšhine wa go fekesa
fax machine

fomo
form

dipampiri
document

reka

buy

lefa

pay

rekiša

trade

tšhelete

money

 USD

dollar

dollar

 EUR

euro

euro

 JPY

yen

yen

 RUB

rouble

rouble

 CHF

Swiss franc

Swiss franc

 CNY

renminbi yuan

renminbi yuan

 INR

rupee

rupee

lefelo la go ntšha tšhelete

cashpoint

lefelo la go fetola tšhelete
....
bureau de change

gauta
....
gold

silifera
....
silver

oil
....
oil

matla
....
energy

poraese
....
price

konteraka
....
contract

motšhelo
....
tax

setokho
....
stock

mošomo
....
work

mošomi
....
employee

mothwadi
....
employer

feketori
....
factory

lebenkele la dijo
....
shop

lephodisa
police officer

setimamollo
fireman

mofofiši wa difofane
pilot

ngaka
doctor

apea
cook

mohlokomedi wa dirapana

gardener

mmetli

carpenter

moroki

seamstress

moahlodi

judge

khemise

chemist

mmapadi

actor

mootledi wa pase

bus driver

mootledi wa thekisi

taxi driver

moswara dihlapi

fisherman

mosadi wa go hlwekiša

cleaning lady

molokiša marulelo

roofer

weithara

waiter

motsomi

hunter

motho wa go penta

painter

mopaki

baker

electrician

electrician

moagi

builder

moenjeneare

engineer

selaga

butcher

polambara

plumber

mosepediši wa poso

postman

mohlabani

soldier

mothadi wa dintlo

architect

morekiši

cashier

molemi wa matšoba

florist

mologi wa moriri

hairdresser

molaodi

conductor

mekhenikhe

mechanic

mokapotene

captain

ngaka ya meno

dentist

rathutamahlale

scientist

moruti

rabbi

moetapele wa dithapelo

imam

monk

monk

moruti

clergyman

hamola
hammer

tang
pliers

screwdriver
screwdriver

sepanere
spanner

lebone
torch

seepi

digger

lepokisi la dithulusi

toolbox

llere

ladder

saga

saw

dipikiri

nails

sebori

drill

lokiša
....
repair

garafo
....
shovel

ijoo!
....
Damn!

seolela matlakala
....
dustpan

pitša ya pente
....
paint pot

sekurufu
....
screws

didirišwa tša mmino
musical instruments

segaša modumo
loudspeaker

diteramo
drum kit

katara
guitar

beise ya gabedi
double bass

porompeta
trumpet

piano

piano

violin

violin

beise

bass

timpani

timpani

diteramo

drums

keybhoto

keyboard

saxophone

saxophone

phala

flute

mmaekrofouno

microphone

tsela ya go tsena
entrance

lengau
tiger

legaga
cage

pitse
zebra

dijo tša diphoofolo
animal feed

bere
panda

diphoofolo

animals

tlou

elephant

kangaroo

kangaroo

tšhukudu

rhino

gorilla

gorilla

bere

bear

kamela

camel

mpšhe

ostrich

tau

lion

tšhwene

monkey

nonyana ya flamingo

flamingo

nonyana ya parrot

parrot

bere ya polar

polar bear

penguin

penguin

shark

shark

phikoko

peacock

noga

snake

kwena

crocodile

mohlokomedi wa di zoo

zookeeper

sili

seal

jaquar

jaguar

pokolo
pony

lepogo
leopard

hippo
hippo

thutlwa
giraffe

lenong
eagle

kolobe ya naga
boar

hlaphi
fish

khudu
turtle

walrus
walrus

phiri
fox

phuthi
gazelle

kgwele ya Amerika
American football

go reila paesekela
cycling

thenese
tennis

basketball
basketball

go rutha
swimming

ntwa ya matswele
boxing

hockey ya lehlweng
ice hockey

kgwele ya maoto
football

badminton
badminton

bakitimi
athletics

polo ya matsogo
handball

skiing
skiing

polo
polo

taboga
jump

gokara
hug

sega
laugh

sepela
walk

opela
sing

lora
dream

rapela
pray

atla
kiss

ngwala

write

thala

draw

bontšha

show

kgorometša

push

efa

give

tšea

take

e ba le

have

dira

do

eba

be

ema

stand

kitima

run

goga

pull

lahlela

throw

e wa

fall

maaka

lie

emanyana

wait

rwala

carry

dula

sit

go apara

get dressed

robala

sleep

tsoga

wake up

lebelela

look at

lla

cry

seterouko

stroke

kamo

comb

bolela

talk

kwešiša

understand

botšiša

ask

theetša

listen

e nwa

drink

eja

eat

hlwekiša

tidy up

lerato

love

apea

cook

otlela

drive

fofa

fly

sesa

sail

khalekhuleitha

calculate

bala

read

ithute

learn

mošomo

work

nyala

marry

roka

sew

hlapa meno

brush teeth

bolaya

kill

kgoga

smoke

romela

send

makgolo
grandmother

rakgolo
grandfather

tate
father

mma
mother

ngwana
baby

morwedi
daughter

morwa
son

moeng

guest

rakgadi

aunt

malome

uncle

abuti

brother

sesi

sister

phatla
forehead

leihlo
eye

magetla
shoulder

monwana
finger

sefahlego
face

seledu
chin

seatla
hand

letswele
breast

ieoto
leg

letsogo
arm

ngwana

baby

monna

man

mosadi

woman

kgarebe

girl

mošemane

boy

hlogo

head

morago

back

mokhaba

belly

mokhubu

belly button

monwana

toe

tlhako

heel

lerapo

bone

matheka

hip

leoto

knee

khuru

elbow

nko

nose

tlase

bottom

letlalo

skin

lerama

cheek

tsebe

ear

molomo

lip

mmele - body

molomo

mouth

leino

tooth

Leleme

tongue

bjoko

brain

pelo

heart

segoba

muscle

maswafo

lung

sebete

liver

mala

stomach

diphsio

kidneys

thobalano

sex

condom

condom

Ovum

ovum

matshedi

semen

go ima

pregnancy

mmele - body

go bona kgwedi

menstruation

setho sa bosadi

vagina

setho sa bonna

penis

dintši

eyebrow

moriri

hair

molala

neck

sepetlele
hospital

ambulance
ambulance

wheelchair
wheelchair

go robega
fracture

ngaka

doctor

phapoši ya tša tšhoganetšo

emergency room

mooki

nurse

tšhoganetšo

emergency

go idibala

unconscious

bohloko

pain

go gobala

injury

go tšwa madi

bleeding

bolwetši bja pelo

heart attack

setorouko

stroke

ge mmele o ganana le dijo

allergy

go gohlola

cough

go gohlola

fever

sehuba

flu

letšhollo

diarrhoea

go opa ke hlogo

headache

kankere

cancer

swikiri

diabetes

mmui

surgeon

thipa ya scalpel

scalpel

go bulwa

operation

CT
CT

x-ray
x-ray

ultrasound
ultrasound

sethiba sefahlego
face mask

bolwetši
disease

phapoši ya go leta
waiting room

lehlotlo
crutch

sedirišwa sa plaster
plaster

lešela la ntho
bandage

nalete
injection

sthehosekoupo
stethoscope

seteretšhara
stretcher

themoketha ya kgathelelo
clinical thermometer

go belebga
birth

mmele o mogolo
overweight

sethuša ditsebe

hearing aid

disinfectant

disinfectant

twatši

infection

baerase

virus

HIV / AIDS

HIV / AIDS

dihlare

medicine

tlhabelo ya go thibela malwetši

vaccination

dipilisi

tablets

pilisi

pill

mogala wa tšhoganetšo

emergency call

sehlahlobi sa pelo

blood pressure monitor

go babja / phetše gabotse

ill / healthy

Thušo!	alamo	go tšhošetšwa
Help!	alarm	assault
tlhaselo	kotsi	go tšwa ka tšhoganetšo
attack	danger	emergency exit
Mollo!	setimamollo	kotsi
Fire!	fire extinguisher	accident
first-aid kit	SOS	maphodisa
first-aid kit	SOS	police

Yuropa

Europe

Amerika Bodikela

North America

Amerika Borwa

South America

Afrika

Africa

Asia

Asia

Australia

Australia

Atlantic

Atlantic

Pacific

Pacific

Lewatle la India

Indian Ocean

Lewatle la Antarctic

Antarctic Ocean

Lewatle la Arctic

Arctic Ocean

North Pole

North Pole

South Pole

South Pole

Antarctica

Antarctica

Lefase

Earth

naga

land

noka

sea

island

island

naga

nation

state

state

sešupanako sa dinomoro

clock face

diiri tša sešupanako

hour hand

metsotso ya sešupanako

minute hand

metsotswana ya
sešupanako
second hand

Ke nako mang?

What time is it?

letšatši

day

nako

time

gona bjale

now

sešupanako sa dinomoro

digital watch

metsotso

minute

iri

hour

beke
week

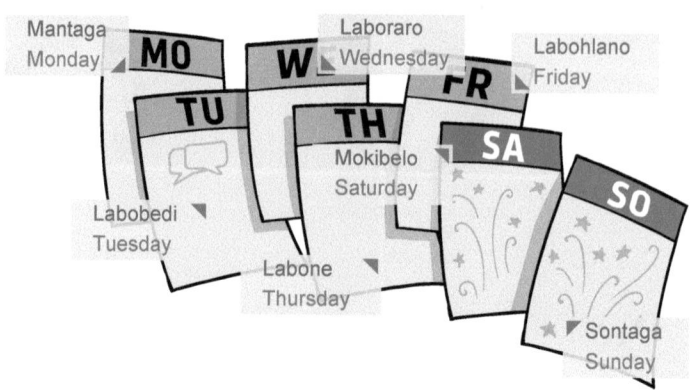

Mantaga / Monday
Labobedi / Tuesday
Laboraro / Wednesday
Labone / Thursday
Labohlano / Friday
Mokibelo / Saturday
Sontaga / Sunday

maobane

yesterday

lehono

today

ka moswana

tomorrow

mesong

morning

Thapama

noon

mantšiboa

evening

MO	TU	WE	TH	FR	SA	SU
1	2	3	4	5	6	7
8	9	10	11	12	13	14
15	16	17	18	19	20	21
22	23	24	25	26	27	28
29	30	31	1	2	3	4

matšatši a kgwebo

business days

MO	TU	WE	TH	FR	SA	SU
1	2	3	4	5	6	7
8	9	10	11	12	13	14
15	16	17	18	19	20	21
22	23	24	25	26	27	28
29	30	31	1	2	3	4

mafelobeke

weekend

pula
rain

molalatladi
rainbow

phefo
wind

lehlwa
snow

seruthwane
spring

lehlabula
autumn

selemo
summer

marega
winter

4.APRIL	11°	☀
5.APRIL	4°	☁
6.APRIL	13°	☂
7.APRIL	8°	☀
8.APRIL	10°	☀

tsebišo ya leratadima

weather forecast

thermometer

thermometer

mahlasedi a letšatši

sunshine

maru

cloud

kgudi

fog

go koloba

humidity

legadima

lightning

legadima

thunder

ledimo

storm

sefako

hail

ledimo

monsoon

lefula

flood

lehlwa

ice

January

January

February

February

March

March

April

April

May

May

June

June

July

July

August

August

September

September

October

October

November

November

December

December

dibopego
shapes

nthokolo

circle

sekwere

square

rectangle

rectangle

theraekele

triangle

nthokolo

sphere

cube

cube

tshweu

white

kheri

yellow

namone

orange

pinki

pink

khubedu

red

phepholo

purple

pududu

blue

tala

green

tshehla

brown

kerei

grey

bontsho

black

še dintši / tše dinyenyane

a lot / a little

befetšwe / theotše maswafo

angry / calm

botse / befile

beautiful / ugly

mathomo / mafelelo

beginning / end

kgolo / nyenyane

big / small

seetša / leswiswi

bright / dark

abuti / sesi

brother / sister

hlwekile / ditšhila

clean / dirty

feletše / ga se e felele

complete / incomplete

mosegare / bošego

day / night

hwile / o sa phela

dead / alive

go bulega / go tswalelega

wide / narrow

e a jega / ga e jege

edible / inedible

bobe / go loka

evil / kind

mahlahlo / go tšwafa

excited / bored

bokoto / bosese

fat / thin

mathomo / mafelelo

first / last

mogwera / lenaba

friend / enemy

e tletše / ga e na selo

full / empty

tiile / e bonolo

hard / soft

ya roba / e bobebo

heavy / light

tlala / mokhoro

hunger / thirst

go babja / phetše gabotse

ill / healthy

ga e molaong / e molaong

illegal / legal

bohlale / lešilo

intelligent / stupid

le letshadi / le letona

left / right

kgaufsi / kgole

near / far

mapsha / e dirišitšwe

new / used

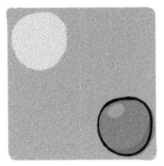

selo / se sengwe

nothing / something

motšofadi / mofsa

old / young

laeta / tima

on / off

bula / tswalela

open / closed

homola / rasa

quiet / loud

go huma / go diila

rich / poor

e lokilego / e sa lokago

right / wrong

makgwakgwa / go thelela

rough / smooth

go nyama / go thaba

sad / happy

mokopana / motelele

short / long

go nanya / go kitima

slow / fast

go koloba / go oma

wet / dry

borutho / go tonya

warm / cool

ntwa / khutšo

war / peace

0

nnoto

zero

1

tee

one

2

pedi

two

3

tharo

three

4

nne

four

5

tlhano

five

6

tshela

six

7

šupa

seven

8

seswai

eight

9

senyane

nine

10

lesome

ten

11

lesome tee

eleven

12

lesome pedi

twelve

13

lesome tharo

thirteen

14

lesome nne

fourteen

15

lesome tlhano

fifteen

16

lesome tshela

sixteen

17

lesome šupa

seventeen

18

lesome seswai

eighteen

19

lesome senyane

nineteen

20

masomepedi

twenty

100

lekgolo

hundred

1.000

sekete

thousand

1.000.000

milione

million

Seisemane

English

Seisemane sa Amerika

American English

Sechina sa Mandarin

Chinese Mandarin

Sehindi

Hindi

Spanish

Spanish

Sefora

French

Searabic

Arabic

Serašia

Russian

Sepotokisi

Portuguese

Sebengali

Bengali

Sejeremane

German

Sefapane

Japanese

Nna

I

wena

you

yena / yona

he / she / it

rena

we

wena

you

bona

they

bomang?

who?

eng?

what?

bjang?

how?

mo kae?

where?

neng?

when?

leina

name

ka morago

behind

go

in

kgaufsi le

in front of

godimo ga

over

go

on

ka tlase ga

under

ka lehlakoreng la

beside

magareng ga

between

lefelo

place